国家示范性高等职业院校艺术设计专业精品教材

高职高专艺术学门类『十三五』规划教材

企业形象设计
QIYE XINGXIANG SHEJI

主　编　张爱鹏　李迎丹
副主编　王春声　田　军
参　编　韩志强　宋　玥　陈　熙　张燕丽

华中科技大学出版社
http://www.hustp.com
中国·武汉

图书在版编目（CIP）数据

企业形象设计/张爱鹏,李迎丹主编. — 武汉：华中科技大学出版社,2015.7（2024.1重印）
高职高专艺术设计类"十三五"规划教材
ISBN 978-7-5680-1142-6

Ⅰ.①企⋯　Ⅱ.①张⋯　②李⋯　Ⅲ.①企业形象－设计－高等职业教育－教材　Ⅳ.①F270

中国版本图书馆 CIP 数据核字(2015)第 185807 号

企业形象设计

张爱鹏　李迎丹　主编

策划编辑：彭中军
责任编辑：沈婷婷
封面设计：龙文装帧
责任校对：刘　竣
责任监印：张正林
出版发行：华中科技大学出版社（中国·武汉）　　电话：(027)81321913
　　　　　武汉市东湖新技术开发区华工科技园　　邮编：430223
录　　排：龙文装帧
印　　刷：广东虎彩云印刷有限公司
开　　本：880 mm×1230 mm　1/16
印　　张：5.25
字　　数：165 千字
版　　次：2024 年 1 月第 1 版第 2 次印刷
定　　价：35.00 元

本书若有印装质量问题，请向出版社营销中心调换
全国免费服务热线：400-6679-118　　竭诚为您服务
版权所有　侵权必究

参编设计公司

北京正是品牌整合机构　http://www.just.com.cn

　　北京正是品牌整合机构，2000年在北京创立，是中国优秀的品牌设计公司之一。几年来，北京正是品牌整合机构全力为中国优秀企业、著名跨国公司、政府机构等提供优质的视觉设计、品牌规划与咨询服务。尤其为金融、医疗及大型文化机构和多个行业的各种企业提供了完善的专业服务，形成了良好的口碑，具有独特的设计理念和出色的专业素质，被社会、市场广为认可。

深圳朗博国际品牌整合设计与传播公司　http://www.szlanbor.com

　　深圳朗博国际品牌整合设计与传播公司，是中国的新锐品牌设计公司，立足于品牌设计规划，探索策略设计，以协助企业创建与管理品牌为核心使命，通过协助企业在市场营销中建立合适的传播机制和品牌视觉支持，帮助企业提升品牌附加值，为本土品牌的国际化进程提供科学的品牌建设理念和管理解决方案。

目录
QIYE XINGXIANG SHEJI
MULU

第一单元　企业形象设计(CIS)的核心——标志设计 …………………………… (1)

第二单元　企业形象设计(CIS)的综述 ……………………………………………… (17)

第三单元　VIS基础系统设计及案例 ………………………………………………… (23)

第四单元　VIS应用系统设计及案例 ………………………………………………… (35)

第五单元　VIS设计案例欣赏 ………………………………………………………… (59)

附录 ……………………………………………………………………………………… (72)

参考文献 ………………………………………………………………………………… (80)

第一单元
企业形象设计（CIS）的核心——标志设计

QIYE
XINGXIANG
SHEJI

一、标志概念

标志（logo），是表明事物特征的记号。它以单纯、显著、易识别的物象、图形或文字符号为直观语言，除表示什么、代替什么之外，还具有表达意义、情感和指令行动等作用。标志，在《现代汉语词典》中的解释是：表明特征的记号。

说到标志及企业形象时，很多人都有各自的一套解释。那什么是 logo 呢，其实该词是 logotype 一词的简称，在以前指的是一家公司的签名或符号。该词起源于希腊语：logos，意思是"文字"。在图片设计的语境中，文字符号通常用来指公司的名称。如果标志没有文字，称其为"象征图案"（symbols），但用来沟通的象征图案（如交通标志或指示牌）实际上是一种"象形符号"（pictographs）。如果一个标志仅由字体组成，它们可以称为字母标（lettermarks）（见图1-1）、文字标（wordmarks）（见图1-2），或者称为字母组合标志（monograms），通常这些文字标志是采用首字母或缩写的形式来表现的，当然，也可以用全称。象征图案及文字标志结合在一起，就是"混合标志"（combination marks）（见图1-3）。上述任何一种标志形式如果经过注册或受法律保护，则称为"商标"。

图1-1　字母标　　　　　　　　　　　图1-2　文字标

图1-3　字母组合标志

二、标志历史

标志的来历，可以追溯到上古时代的"图腾"。那时，每个氏族和部落都选用一种与自己有特别神秘关系的动物或自然物象作为本氏族或部落的特殊标记，即图腾(见图1-4)。如女娲氏族以蛇为图腾，夏禹的祖先以黄熊为图腾，还有的以太阳、月亮、乌鸦为图腾。最初人们将图腾刻在居住的洞穴和劳动工具上，后来就作为战争和祭祀的标志，成为族旗、族徽。国家产生以后，又演变成国旗、国徽。

图 1-4 图腾

古代人们在生产劳动和社会生活中，为方便联系、标示意义、区别事物的种类、特征和归属，不断创造和广泛使用各种类型的标记，如路标、村标、碑碣、印信纹章等。从广义上来说，这些都是标志。在古埃及的墓穴中曾发现带有标志图案的器皿多半是制造者的标志和姓名，后来变化成图案。在古希腊，标志已广泛使用。在罗马和庞贝及巴勒斯坦的古代建筑物上都曾发现刻有石匠专用的标志，如新月车轮、葡萄叶及类似的简单图案等。中国自有作坊店铺以来，就伴有招牌、幌子等标志。在唐代制造的纸张内已有暗纹标志。到宋代，商标的使用得已相当普遍，如当时济南专造细针的刘家针铺（见图1-5），就在商品包装上印有兔的图形和"认门前白兔儿为记"字样的商标。欧洲中世纪士兵所戴的盔甲，头盖上都有辨别归属的隐形标记，贵族家族也都有家族的徽记，除了欧洲贵族之外，世界上只有日本自古就用徽章（见图1-6），而且比欧洲更普遍。

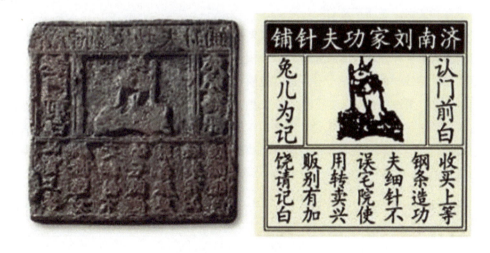

图 1-5 刘家针铺标志

五七桐,内阁总理大臣纹章

扬羽蝶,平氏家纹

笹龙瞻,源氏家纹

足利二引两,足利将军家家纹

三鳞,北条氏家纹

竹雀,上杉氏、伊达氏家纹

土岐桔梗,明智氏家纹

武田菱,武田氏家纹

图1-6　日本徽章

21世纪，公共标志、国际化标志在世界普及。随着社会、经济、政治、科技、文化的飞跃发展，经过精心设计从而具有高度实用性和艺术性的标志，已被广泛应用于社会的一切领域，对人类社会性的发展与进步发挥着巨大的作用和影响。新兴的科学——"符号标志学"应运而生已是历史必然。

三、标志功能

人们看到烟的上升，就会想到下面有火。烟就是火的一种自然标记。在通信不发达的时代，人们利用烟（狼烟）作为传送与火的意义有关联（如火急、紧急、报警求救等）信息的特殊手段。这种人为的烟，既是信号，又是一种标志。它升得高、散得慢，形象鲜明，特征显著，人们在很远的地方都能迅速看到。这种非语言传送的速度和效应是当时的语言和文字传送所不及的。

当今社会，印刷、摄影、设计和图像传送的作用越来越重要，这种非语言传送的发展具有和语言传送相抗衡的竞争力。标志，则是其中一种独特的传送方式。

今天，虽然语言和文字传送的手段已十分发达，但像标志这种令公众一目了然，并且不受民族、国家、语言文字束缚的直观传送方式，更适应生活节奏不断加快的需要，其特殊的作用，仍然是任何传送方式都无法替代的。

标志的功能主要是信息传达。理想的传达效果是信息传达者使其图形化的传达内容与信息接收者所理解和解释的意义相一致。各类标志有不同的应用范围，发挥的功能也不同。商标在标志中占的数量最多，与人们的日常物质生活的关联也最紧密。

四、标志分类

根据基本构成因素，标志可分为文字标志、图形标志、图文组合标志。

(1) 文字标志：有直接用中文、外文或汉语拼音的单词构成的；有用汉语拼音或外文单词的首字母进行组合的（见图1-7）。

(2) 图形标志：通过几何图案或象形图案来表示的标志。图形标志（见图1-8）又可分为三种，即具象图形标志、抽象图形标志和具象抽象相结合的标志。

(3) 图文组合标志：集中了文字标志和图形标志的长处，克服了两者的不足（见图1-9）。

图1-7　文字标志　　　　　　　　　　　图1-8　图形标志

图1-9　图文组合标志

五、标志设计特性　　　　　　　　　　　　　　　　　　　　　　FIVE

标志设计有以下特性。

1. 独特性

独特性是标志设计的最基本要求。标志的形式法则和特殊性就是要具备各自独特的个性，不允许有丝毫的雷同，这使标志的设计必须做到独特别致、简明突出，追求创造与众不同的视觉感受，给人留下深刻的印象。因此，标志设计最基本的要求就是要能区别于现有的标志，应尽量避免与各种各样已经注册、已经使用的现有标志在名称和图形上相雷同。只有富有创造性、具备自身特色的标志，才有生命力。个性特色越鲜明的标志，视觉表现的感染力就越强。

2. 注目性

注目性是标志所应达到的视觉效果。优秀的标志应该吸引人，给人以较强的视觉冲击力。因为只有引起人的注意，才能使标志所要传达的信息对人产生影响。在标志设计中，注重对比、强调视觉形象的鲜明与生动，是产生注目性的重要形式要素。特别是公共标志设计，不仅要求在常规环境中具有较强的视觉冲击力，而且要求能在各种不同的环境条件中保持较强的视觉冲击力。商标设计也要求在各种不同的应用中，都能保持良好的商标视觉形象，使商标无论是在商品的包装上，还是在各类媒体的宣传中，均可起到突出品牌的积极作用。

3. 通俗性

通俗性是标志易于识别、记忆和传播的重要因素。通俗性不是简单化，而是以少胜多、立意深刻、形象明显、雅俗共赏。通俗性强的标志具有公众认同面广、亲切感强等特点。对于商标而言，一般通俗的商标形象，首先要有一个与众不同的、响亮动听的商标牌名，以好的牌名为基础，综合考虑商标的特点，选择最佳方案，再进行具体的图形设计。一个好的商标牌名不仅影响今后商品在市场上的流通和传播，而且决定设计者的整个设计过程和最后效果。优秀的商标具有以下几个特点：结合商标的内容和特性，与商品有内在的密切联系；根据商标注册的时间，能体现一定的思想内容和时代精神；现代商标富有人情味和生活气息，给人以一种亲切感和轻松感。

因此尽量使商标具有讲得出、听得进、看得懂、记得住、传得开的特点。商标设计还应追求牌名响亮、动听、顺口，要有造型简洁、明晰、易于识别的效果，使商标无论在听觉上，还是在视觉上都具有通俗、易记的个性特征。

4. 通用性

通用性是指标志具有较为广泛的适应性。标志对通用性的要求，是由标志的功能和需要在不同的载体和环境中展示、宣传标志的特点所决定的。

（1）从标志的识别性的角度来说，要求标志放大或缩小且不影响视觉效果，在不同背景和环境中都能展示，在不同媒体和变化中都有效果。也就是说，一个成功的标志无论是被放大还是被缩小，无论是在近距离还是在远距离，无论是在繁杂的环境中还是在空旷的空间里，无论是在静态还是在动态时，都应保证受众能迅速地正确识别。

（2）从对商标在产品造型、包装装潢通用的角度来说，要求商标的造型不仅美观，而且还要使商标能与特定的产品的性质及包装装潢的特点相协调。

从对标志在复制、宣传媒体通用性的角度来说，要求标志不仅能适应于制版印刷，而且还要能适应不同材料载体的复制工艺特点。例如：使标志的形象适应于金属材料刻、塑、铸、煅等复制工艺（铸是用模具把金属烧熔浇铸成模型，煅是把金属加热到一个临界温度，进行冲压等工艺改变金属的性能，煅不会改变金属物体的大致外形，但是会使性能特别是表面性能发生改变，通常是表面处理的工序）；使标志的形象适应于不干胶、霓虹灯等复制工艺；使标志的形象适应于快节奏的电视屏幕复制展示等。

5. 信息性

标志的信息传递有多种内容和形式。其内容信息：有精神的，也有物质的；有实的，也有虚的；有企业的，也有产品的；有原料的，也有工艺的。其信息成分有单纯的，也有复杂的。标志信息传递的形式：有图形的、有文字的，也有图形和文字结合的；有直接传递的，也有间接传递的。人对信息的感知：有具象的，也有抽象的；有明确的，也有含蓄的。一般而言，标志信息的处理与调节，应尽量追求以简练的造型语言，表达出既内涵丰富，又有明确侧重，并且容易被观者理解的兼容性信息为最佳。优秀的标志都具有形象简洁、个性突出、信息兼容的知觉特点。

6. 文化性

文化性是标志本身的固有属性。标志中的文化性是通过标志显现民族传统、时代特色、社会风尚、企业或团体理念等精神信息。在具体的标志形象中，所显现出的这些文化属性，又是标志设计者自觉或不自觉地以自己对事物的理解和构思，自然而然地融合于标志的内容与形式之中的。因此，也可以将标志中的文化性，看作是具体标志的设计风格或设计品位的特征。文化性强、设计品位高的标志，必须是联想丰富、耐人寻味的不同凡响之作。

7. 艺术性

艺术性是标志设计是否给人以美的享受的关键。标志的艺术性是通过巧妙的构思和技法，将标志的寓意与优美的形式有机结合时体现出来的。艺术性强的标志，具有定位准确、构思不落俗套、造型新颖大方、节奏清晰明快、统一中有变化、富有装饰性等特点。在具体的标志设计过程中除了要求必须具有强烈的个性特征以外，对标志的其他要求，则应依据现有同类标志的现状为背景，以具体标志所要传达的主要信息为侧重，进行灵活调节，不必苛求对各项具体要求面面俱到。总之，凡是标志设计中的佳作，必然具有内容与形式相统一、个性突出、形象鲜明、注目性强、便于识别和记忆、给人以美的享受等标志设计要求的基本特征。

8. 时代性

时代性是标志在企业形象树立中的核心。商标既是产品质量的保证，又是识别商品的依据。商标代表一种信誉。这种信誉是企业几年、几十年，甚至是上百年才培植出来的。经济的繁荣，竞争的加剧，生活方式的改变，流行时尚的趋势导向等要求商标必须适应时代。如何改革商标，一种方式是抛弃旧商标，重新设计，以全新的面貌出现。这种重新设计，在经济上可能要付出较大的代价，通过广告媒介反复宣传，才能重新树立形象。另一种方式是对老品牌并享有信誉的商标，在原商标的基础上通过一个长期的策略，用渐变的手法，随着时间的推移，逐步改造和完善，既具有连续性、易于识别，又富于时代感，让人在不知不觉中接受新商标。这一演进的规律，是由具象到抽象，由复杂到简洁，使其具备现代化、国际化的特征（见图1-10）。

图1-10 商标的时代性

六、标志设计流程

1. 调研分析

商标、标志不仅仅是一个图形或文字的组合，也是依据企业的构成结构、行业类别、经营理念，并充分考虑商标、标志接触的对象和应用环境，为企业制定的标准视觉符号。在标志设计之前，要对企业进行全面深入的了解，包括经营战略、市场分析，以及企业最高领导人员的基本意愿。这些都是logo商标、logo商标设计开发的重要依据。对竞争对手的了解也是重要的步骤，商标、标志的重要作用即识别性，就是建立在对竞争环境的充分掌握上的。

2. 要素挖掘

要素挖掘是为企业logo设计开发工作做进一步的准备。依据对调查结果的分析，提炼出商标和标志的结构类型、色彩取向，列出商标、标志所要体现的精神和特点，挖掘相关的图形元素，找出商标、标志设计的方向，使设计工作有的放矢，而不是对文字图形的无目的组合。

3. 设计开发

有了对企业的全面了解和对设计要素的充分掌握，可以从不同的角度和方向进行标志设计开发工作。通过设计师对商标、标志的理解，充分发挥想象，用不同的表现方式，将logo设计风格要素融入设计中，商标、标志必须达到含义深刻、特征明显、造型大气、结构稳重、色彩搭配能适合企业，避免流于俗套或大众化。不同的商标、标志所反映的侧重或表象会有区别，经过讨论分析或修改，找出适合企业的商标、标志。

4. 标志修正

提案阶段确定的商标、标志在细节上还不太完善，经过对商标、标志的标准制图、大小修正、黑白应用、线条应用等不同表现形式的修正，使商标、标志的使用更加规范，同时商标、标志的特点、结构在不同环境下使用时，也不会丧失，达到统一、有序、规范的传播目的。

七、标志设计构思　　　　　　　　　　　　　　SEVEN

标志创意设计的全过程可以从三个角度(图形、文字、含义)出发，疏而不漏、掐骨掐点，各有各的妙用。它们相辅相成、自成体系，名为创意三律。创意三律，使标志设计明朗化、系统化。

从图形出发，就是根据客观物象的自然形态，经过提炼、概括和简化，突出其本质特征或者利用抽象装饰图形以及几何图形来表现的标志(见图1-11)。

真功夫快餐连锁标志

AIR CHINA
中国国际航空公司

旧金山交通局（SFMTA）

图1-11　图形创意

从文字出发，就是利用中英文进行变形设计。标志从文字出发，是人们最早选择的一种标志设计方式，所看到的即是所读出的，声音与视觉统一，具有很强的识别特点（见图1-12）。

图 1-12 文字创意

从含义出发,就是在创意构思时,根据其行为特征,寻找一个恰当的视觉图形符号,根据历史、文化、信仰,采用比喻性和象征性以及故事性将其抽象的精神和理念通过一个视觉载体表现出来,使其抽象的精神和理念具体化、形象化和大众化(见图 1-13)。

图 1-13 含义创意

其中,在标志创意构思过程中,也不乏二者或三者相结合进行创意构思,使得标志设计得更巧妙合理,突出特征(见图 1-14)。

图 1-14 结合创意

八、标志设计案例欣赏　　　　　　　　　　　　　　　　　　EIGHT

标志设计案例如图 1-15 所示。

图 1-15　标志设计案例

续图 1-15

续图 1-15

续图 1-15

续图 1-15

续图 1-15

续图 1-15

第二单元
企业形象设计（CIS）的综述

QIYE
XINGXIANG
SHEJI

一、CIS 概念

CI，也称 CIS，是英文 corporate identity system 的缩写，一般译为企业视觉形象识别系统。CI 设计，即有关企业形象识别的设计，包括企业名称、标志、标准字体、色彩、象征图案、标语、吉祥物等方面的设计。

CI 是一种系统的名牌商标动作战略，是企业的目标、理念、行动、表现等为一体所共有的统一要领，是企业在内外交流活动中，把企业整体向上推进的经营策略中重要的一环。企业实施 CI 战略，往往能使企业组织在各方面发生积极性的变化，从而综合作用于企业的相关组织和个人，产生全方位的功效。

CI 设计是 20 世纪 60 年代由美国首先提出的（见图 2-1），20 世纪 70 年代在日本得以广泛推广和应用（见图 2-2），是现代企业走向整体化、形象化和系统管理的一种全新的概念。其定义是：将企业经营理念与精神文化，运用整体传达系统（特别是视觉传达系统），传达给企业内部与大众，并使其对企业产生一致的认同感或价值观，从而达到形成良好的企业形象和促销产品的设计系统。

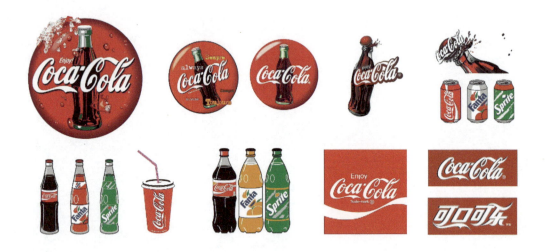

图 2-1 可口可乐 CI 设计

图 2-2 马自达 CI 设计

CI系统即企业形象识别系统，是企业大规模化经营而引发的企业对内对外管理行为的体现。当今国际市场竞争越来越激烈，企业之间的竞争已不再仅是产品、质量、技术等方面的竞争，已发展为多元化的整体的竞争。企业欲求生存必须从管理、观念、现象等方面进行调整和更新，制定长远的发展规划和战略，以适应市场环境的变化。现在的市场竞争，首先是企业形象的竞争。推行企业形象设计实施企业形象战略，为统一和提升企业的形象力，使企业形象表现出符合社会价值观要求的一面，企业就必须进行其形象管理和形象设计。

CI系统是以企业定位或企业经营理念为核心的，对包括企业内部管理、对外关系活动、广告宣传及其他以视觉和音响为手段的宣传活动在内的各个方面，进行组织化、系统化、统一性的综合设计，力求使企业所有方面以一种统一的形态显现于社会大众面前，产生良好的企业形象。

CI作为企业形象一体化的设计系统，是一种建立和传达企业形象的完整和理想的方法。企业可通过CI设计对其办公系统、生产系统、管理系统，以及经营、包装、广告等系统形成规范化设计和规范化管理，由此来调动企业职员的积极性和参与企业的发展战略。通过一体化的符号形式来划分企业的责任和义务，使企业经营在各职能部门中能有效地运作，建立起企业与众不同的个性形象，使企业产品与其他同类产品区别开来，在同行中脱颖而出，迅速有效地帮助企业创造出品牌效应，占有市场。

CI系统的实施，对企业内部，可使企业的经营管理走向科学化和条理化，趋向符号化，根据市场和企业的发展有目的地制定经营理念，制定一套能够贯彻的管理原则和管理规范，以符号的形式参照执行，使企业的生产过程和市场流通流程化，以降低成本和损耗，有效地提高产品质量。在对外传播中，利用各种媒体统一推出，使社会大众大量地接受企业传播信息，建立起良好的企业形象来提高企业及产品的知名度，增强社会大众对企业形象的记忆和对企业产品的认购率，使企业产品更畅销，为企业带来更好的社会效益和经营效益。

二、CIS 组成　　　　　　　　　　　　　　　　　　　　　　　TWO

CI系统是由理念识别（mind identity，MI）、行为识别（behaviour identity，BI）和视觉识别（visual identity，VI）三个方面所构成（见图2-3）。

图2-3　CIS构成

1. 理念识别

理念识别是企业生产经营过程中设计、科研、生产、营销、服务、管理等经营理念的识别系统，是企业对当前和未来一个时期的经营目标、经营思想、营销方式和营销形态所做的总体规划和界定。理念识别主要包括：企业精神、企业价值观、企业信条、经营宗旨、经营方针、市场定位、产业构成、组织体制、社会责任和发展规划等，属于企业文化的意识形态范畴。

2. 行为识别

行为识别是企业实际经营理念与创造企业文化的准则，是对企业运作方式所做的统一规划而形成的动态识别形态。它以经营理念为基本出发点，对内建立完善的组织制度、管理规范、职员教育、行为规范和福利制度，对外则是开拓市场调查，进行产品开发，透过社会公益文化活动、公共关系、营销活动等方式来传达企业理念，以获得社会公众对企业识别认同的形式。

3. 视觉识别

视觉识别是以企业标志、标准字体、标准色彩为核心展开的完整、系统的视觉传达体系，是将企业理念、文化特质、服务内容、企业规范等抽象语意转换为具体符号的概念，塑造出独特的企业形象。视觉识别系统分为基本要素系统和应用要素系统两个方面。基本要素系统主要包括：企业名称、企业标志、标准字、标准色、象征图案、宣传口语、市场营销报告书等。应用要素系统主要包括：办公事务用品、生产设备、建筑环境、产品包装、广告媒体、交通工具、衣着制服、旗帜、招牌、标识牌、橱窗、陈列展示等。视觉识别在 CI 系统中最具有传播力和感染力，最容易被社会大众所接受，据有主导的地位。

在 CI 设计系统中，视觉识别设计是最外在、最直接、最具有传播力和感染力的部分。VI 设计是将企业标志的基本要素，以强力方针及管理系统有效地展开，形成企业固有的视觉形象，是透过视觉符号的设计统一化来传达精神与经营理念，有效地推广企业及其产品的知名度和形象。因此，企业识别系统是以视觉识别系统为基础的，并将企业识别的基本精神充分地体现出来，使企业产品名牌化，同时对推进产品进入市场起着直接的作用。VI 设计从视觉上表现了企业的经营理念和精神文化，从而形成独特的企业形象，就其本身而言又具有形象的价值。

三、CIS 功能

实施 CI 战略就是要使 MI、BI、VI 三要素保持高度的一致，通过完整的系统运作，创造性地使企业的经营理念和企业个性，在全方位的传播过程中引起社会公众的关注，使广大消费者对企业产生认同感，对公司的产品产生信赖感。

CIS 三要素的基本功能如表 2-1 所示。

表 2-1　CIS 三要素的基本功能

MI（精神方面）	MI是企业的经营理念、经营方针、经营宗旨，是企业识别系统中构想的中心基础框架，包括精神标语、座右铭、企业性格、经营策略等	对内部
BI（行为方面）	BI是企业行为活动的规范。它包括对内和对外的两部分：对内表现为干部教育、员工教育（电话礼貌、应接技巧、服务水准、作业精神）、生产福利、废弃处理、公害对策；对外表现为市场调查、产品开发、公共关系、服务态度、促销活动流通政策、代理商、金融业、股市对策、公益性文化性活动等方式	对外部
VI（视觉方面）	VI是企业的视觉传达设计。它是以各种可见的视觉传播为媒体，将企业活动的规范等抽象的语意，转换为具体可见的视觉符号——企业标志、标准字体、标准色彩等展开和应用	

四、CIS 内涵　　FOUR

CI 的内涵：根据个人所具有的不同社会群体的成员资格而做出的自我确定；由社会群体决定的个体身份又反映了个体的人格特征、身体特征和人际风格。可见 CI 最主要的特征是个体的独特性。企业导入 CI 的最终目的就是向社会传播这种标准化了的企业"个性"，以求得到公众的认可，获得市场空间，促进企业发展。

MI、BI 和 VI 之间的区别如下。

MI 是整个识别系统的主导内容，是建立整个企业识别系统的原动力，有了理念识别系统，才能确定企业的主体性，指导企业的发展方向；BI 是企业识别系统的本质内容，是一种动态形式，强调一种行为过程，是建立整个识别系统的关键，有了行为识别系统，企业的理念才能落到实处，推动企业良性发展；VI 是企业识别系统的基础内容，是实施 CI 的中心环节和重点所在，因为有了视觉系统，才能及时地、鲜明地向社会传达企业经营的信息，使公众在视觉上产生强烈刺激，最终树立起企业的形象。

CI 的特征：差别性；标准性；传播性。

CI 的真正意义在于传播，也就是说精心设计的标准化的识别系统，通过有效的传播得到公众的认可，在消费者心目中树立一个良好的形象，从而促进企业的市场销售，推动企业的发展。

五、导入 CIS 程序　　FIVE

CI 设计规划与实施导入是一种循序渐进的计划性作业，整个计划的进行与推展，综合国内外企业导入 CI 的经验，大约可分为下列五个阶段。

1. 企业实态调查阶段

把握企业的现状、外界认知和设计现状，并从中确认企业实际给人的形象认知状况，发现企业存在的问题和目前的优势，完善企业的不足，发扬企业的优势。

2. 形象概念确立阶段

以调查结果为基础，分析企业内部、外界认知，市场环境与各种设计系统的问题，来拟定企业的定位与应有形象的基本概念，作为 CI 设计规划的原则依据。

3. 设计作业展开阶段

将企业的基本形象概念，转变成具体可见的信息符号，并经过精致作业与测试调查，确定完整并符合企业的识别系统。

4. 完成与导入阶段

重点在于排定导入实施项目的优先顺序、策划企业的广告活动及筹组 CI。

5. 控制与管理阶段

控制与管理阶段是导入 CIS 程序的重要阶段，影响着导入的效果。

第三单元
VIS 基础系统设计及案例

QIYE
XINGXIANG
SHEJI

一、企业标志设计　　　　　　　　　　　　　　　　　　　　　　　　　　　　　ONE

　　企业标志设计是企业形象视觉识别系统的核心，是企业形象的灵魂。优秀的标志设计便于延展视觉识别系统设计，包括企业标志及标志创意说明、标志墨稿、标志反白效果图、标志标准化制图、标志方格坐标制图、标志预留空间与最小比例限定、标志特定色彩效果展示等。

　　案例：中铁行包快递

　　项目背景

　　中铁行包快递有限责任公司，中国铁路总公司直属专业运输企业，2003年11月注册成立，注册资金10亿元人民币。公司在全国各地设立14个分公司，在62个主要城市设立68个营业部。公司投资控股中铁快运股份有限公司、新时速运递有限公司等10个公司，参股中铁行包吉盛物流基地有限公司。公司经营范围为行李、包裹、邮件铁路运输，铁路小件货物和铁路票据特快专递，国际快递，仓储、分拨、包装、搬运、配送，公路货运，以及国际货物运输代理、报关报验、物业管理、广告、纪念票证等服务。图3-1为中铁行包快递有限责任公司的标志图形，图3-2为中铁行包快递有限责任公司的标志释义，图3-3为中铁行包快递有限责任公司的标志墨稿，图3-4为中铁行包快递有限责任公司的标志反白效果图。

图3-1　中铁行包快递有限责任公司的标志图形

图3-2　中铁行包快递有限责任公司的标志释义　　　　图3-3　中铁行包快递有限责任公司的标志墨稿

图 3-4　中铁行包快递有限责任公司的标志反白效果图

有了标准制图，在制作和施工时，尽管对象、材料、时间、空间、人手不一，也能准确无误地制作出标准字来，达到统一性、标准化的识别目的。设计过程中必须按照规范化的制图法正确标示标志的作图方法和详细尺寸，并制作出大小规格不同的样本。将标志图形、线条规定成标准的尺度，便于正确复制和再现。其中，"A"代表一个单元格比例尺寸的数值单位，能使标志在实际运用中在数值范围内按比例缩放，比例尺寸也并不是固定数值，在实际运用中，是按照实际尺寸变化而变化的，如"1：10"或者"1：100"。字体的标准化制图和方格坐标制图同理（见图3-5至图3-7）。

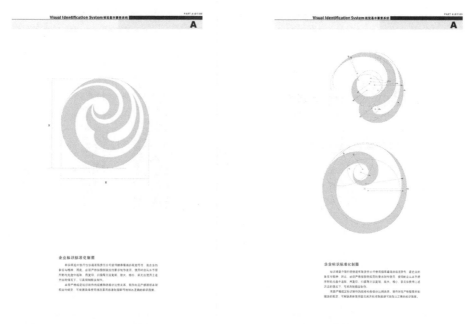

图 3-5　标志标准化制图(一)　　　　图 3-6　标志标准化制图(二)

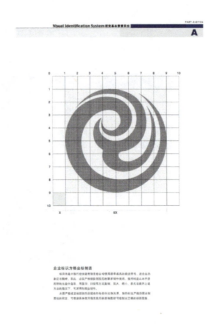

图 3-7　标志方格制图

二、企业标准字体　　　　　　　　　　　　　　　　　　　　　　　TWO

企业标准字体是指经过设计的专用以表现企业名称或品牌的字体。故标准字体设计，包括企业名称标准字和品牌标准字的设计。标准字体是企业形象识别系统中的基本要素之一，应用广泛，常与标志联系在一起，具有明确的说明性，可直接将企业或品牌传达给观众，与视觉、听觉同步传递信息，强化企业形象与品牌的诉求力，其设计与标志设计具有同等重要性。

中铁行包快递有限责任公司标准字体设计如图 3-8 至图 3-13 所示。

图 3-8　企业简称中英文字体（横）　　　　图 3-9　企业简称中英文字体（竖）

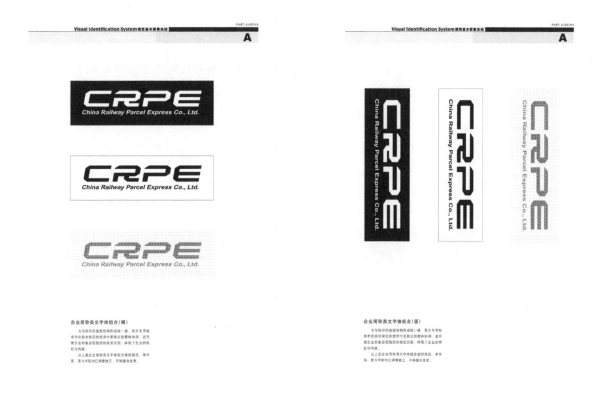

图 3-10　企业简称英文字体组合(横)

图 3-11　企业简称英文字体组合(竖)

图 3-12　企业全称中英文字体组合(横)

图 3-13　企业全称中英文字体组合(竖)

三、企业标准色彩

　　企业标准色彩指定某一特征的固定色彩或一组色彩系统，运用在所有视觉传达设计媒体上，通过色彩具有的直觉刺激与心理反应，突出企业经营理念、产品特质，塑造和传达企业形象。

　　中铁行包快递有限责任公司色彩系统如图 3-14 至图 3-17 所示。

图 3-14　企业标准色　　　　　　　　图 3-15　企业标准色色阶规范

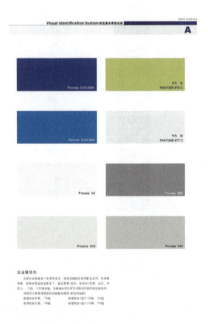

图 3-16　企业辅助色　　　　　　　　图 3-17　企业标识明度应用规范

四、企业专用印刷字体　　　　　　　　　　　　　　　　FOUR

　　企业专用印刷字体是企业识别系统中视觉识别系统的一部分。作为企业识别系统，其基本要素除了 logo、标准色等外，为企业设计标准的专用印刷字体也非常必要。专用印刷字体主要用于企业画册、宣传品等的印刷。专用印刷字体与标准字是不同的。标准字是指企业（或品牌）名称的标准字，它与 logo 共同成为企业识别的基础，一般标准字由设计师根据某种计算机字体变化而成。而专用印刷字体就要根据已有的字库来选择一款，大多数专用印刷字体不宜太花哨，尽量使用正规的字体,如圆头、宋体、黑体等。

　　专用印刷字体如图 3-18 和图 3-19 所示。

图 3-18　中文专用印刷字体规范

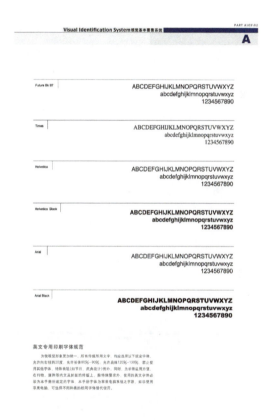

图 3-19　英文专用印刷字体规范

五、基本要素组合规范　　　　　　　　　　　　　　　　FIVE

　　根据具体媒体的规格与排列方向，可以设计大小、方向不同的组合方式。基本要素组合的内容：其一，使目标从其背景或周围要素中脱离出来，而设定的空间最小规定值；其二，企业标志同其他要素之间的比例尺寸、间距方向、位置关系等。

　　中铁行包快递有限责任公司基本要素组合如图 3-20 至图 3-27 所示。

图 3-20　标志与中文标准字简称组合(横)

图 3-21　标志与中文标准字简称组合(竖)

图 3-22　标志与英文标准字简称组合(横)

图 3-23　标志与英文标准字简称组合(竖)

图 3-24　标志与中文标准字简称组合（方形）　　　　图 3-25　标志与英文标准字简称组合（方形）

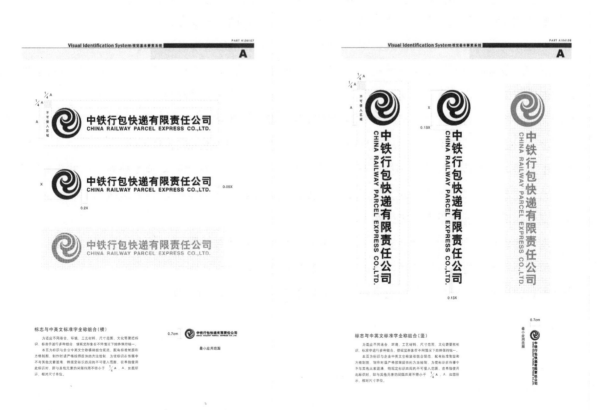

图 3-26　标志与中英文标准字全称组合（横）　　　　图 3-27　标志与中英文标准字全称组合（竖）

六、企业象征图形

象征图形又称辅助图形，主要用来作为企业形象的辅助识别，避免标志加名称的单调，可以用来丰富形象，调整版面布局，让人印象更加深刻。象征图形最大的特点是联想性，通过象征物的联想、想象，使受众获得一个抽象的意义。

象征图形是企业识别系统中的辅助性视觉要素，它包括企业造型、象征图案和版面编排模式等三个方面的设计。企业象征图形是为了配合基本要素在各种媒体上的广泛应用而设计的，在内涵上要体现企业精神，起到衬托和强化企业形象的作用。通过象征图形的丰富造型，来补充标志符号建立的企业形象，使其意义更完整、更易识别、更具表现的幅度与深度。

象征图形配合标志、标准字、标准色、企业造型等基本要素，广泛、灵活地使用，具有不可忽略的功能作用。由于应用设计项目繁多，需要一些有弹性变化的图形符号作适度的修饰，补充企业标志、标准字等基本要素在多种环境、多种媒体中的传播效果。

在企业识别系统中，除了企业标志、标准字、企业造型外，具有适应性的象征图形也经常运用。象征图形又称装饰花边，是视觉识别设计要素的延伸和发展，与标志、标准字体、标准色保持宾主、互补、衬托的关系，是设计要素中的辅助符号，主要适应用于各种宣传媒体装饰画面，加强企业形象的诉求力，使视觉识别设计的意义更丰富，更具完整性和识别性。

一般而言，象征图形具有如下特性：

（1）能烘托形象的诉求力，使标志、标准字体的意义更具完整性，易于识别；

（2）能增加设计要素的适应性，使所有的设计要素更加具有设计表现力；

（3）能强化视觉冲击力，使画面效果富于感染力，最大限度地创造视觉诱导效果。

然而，不是所有的企业识别系统都能开发出理想的象征图形。有的标志、标准字体本身已具备了画面的效果，则象征图形就失去了积极的意义，这种情况，使用标准色丰富视觉形象更理想。

一般而言，标志、标准字体在应用要素设计表现时，都是采用完整的形式出现，不允许其图案相重叠，以确保其清晰度。象征图形的应用效果则应该是明确的，并不是所有画面都出现象征图形。

象征图形是为了适应各种宣传媒体的需要而设计的，但是，应用设计项目种类繁多，形式千差万别，画面大小变化无常，这就要求象征图形的造型设计富有弹性，能随着媒介物的不同，或者是版面面积的大小变化作适度的调整和变化，而不是一成不变的定型图案。

象征图形的设计可由两个方面来进行：以企业标志衍生变化作延伸性的表现，可作增加数量、曲折、渐层等演化；重新设计具有个性的造型符号，再进行一定限度的延伸变化。

中铁行包快递有限责任公司象征图形使用示例如图3-28和图3-29所示。

图 3-28　标志与辅助图形组合使用规范　　　　图 3-29　禁止组合示例

第四单元
VIS 应用系统设计及案例

QIYE
XINGXIANG
SHE **J**I

一、办公事务用品设计　　ONE

在诸多的视觉传达媒体中，办公事务用品设计具有覆盖面广、使用时间长、传播效率高的优点。它是所有企业都具备的传达工具，其设计的优劣直接影响企业风格和员工心理。

办公事务用品设计内容一般包括：高级主管名片、中级主管名片、员工名片，信封（国内信封、国际信封、大信封）、信纸（国内信纸、国际信纸、特种信纸）、便笺、传真纸、票据、合同书规范格式、档案盒、薪资袋、识别卡、工作证、出入证、工作记事簿、文件夹、文件袋、档案袋、卷宗纸、公函信纸、备忘录、简报、签呈、文件题头、格式表格规范、电话、办公文具、奖状、公告、维修网点名址封面及内页版式、产品说明书封面及内页版式、考勤卡、请假单、名片台、办公桌标识牌、即时贴标签、桌旗、意见箱、稿件箱、企业徽章、纸杯、茶杯、杯垫、办公用笔、笔架、笔记本、记事本、公文包、通讯录、财产编号牌、培训用书等。在设计时根据公司规模及客户需求确定具体的设计内容。

中铁行包快递有限责任公司办公事务用品如图4-1至图4-20所示。

图4-1　企业名片　　　　　　　　　图4-2　企业子公司名片

图 4-3　国内信封（一）

图 4-4　国内信封（二）

图 4-5　国际信封

图 4-6　公函专用纸

图 4-7 信纸

图 4-8 便笺纸

图 4-9 传真纸

图 4-10 文件夹

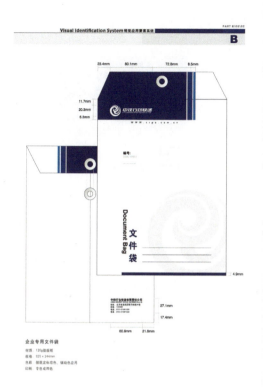

图 4-11　文件袋

图 4-12　桌旗

图 4-13　工作证

图 4-14　出入证

图 4-15　员工手册

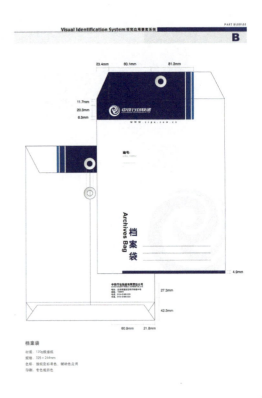

图 4-16　档案袋

图 4-17　聘用合同

图 4-18　合同封面

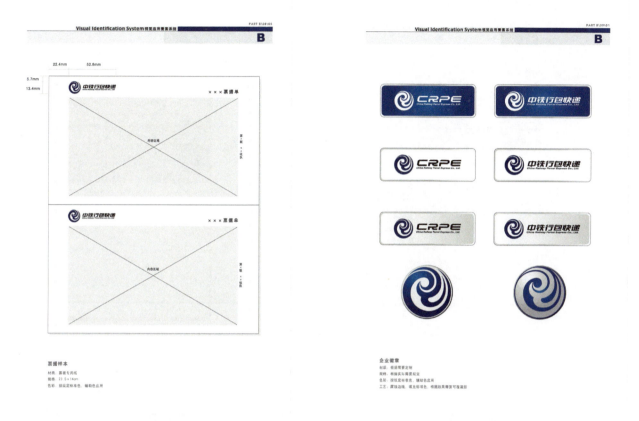

图 4-19　票据样本　　　　　　　　　　　图 4-20　企业徽章

二、公共关系赠品设计　　　　　　　　　　　　　　　　　TWO

　　在企业营销及与关联企业交往过程中，企业制造开发一些礼品馈赠，是一项促进企业关系、联络感情、沟通交流、增进友谊、促进销售和协作的有效方法。这一系统的项目开发往往是多样化的，一般会将企业形象的主题符号，如标志、标准字、吉祥物等应用到日常生活中喜闻乐见的小物件上，使之成为企业特有的礼品，如茶杯、雨伞、提包、打火机、钥匙链、笔类、礼品袋、挂历、台历、文化衫、纸扇、不干胶贴纸等。礼品形式往往结合企业所参加的各种会议、会谈、展览会、促销活动等的不同而有所不同，发放的礼品上需有明显的企业名称、标志，可加辅助图形和辅助色彩。设计时要注意观赏性和实用性相结合，若接受者不喜欢则失去了作用。

　　中铁行包快递有限责任公司公共关系赠品设计如图 4-21 至图 4-31 所示。

图 4-21　贺卡

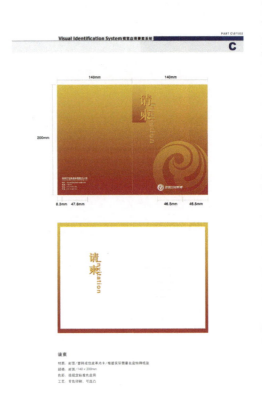

图 4-22　请柬

图 4-23　邀请函

图 4-24　礼品伞

第四单元　VIS 应用系统设计及案例

图 4-25　纸杯

图 4-26　专用纸巾

图 4-27　专用茶具

图 4-28　专用烟具

企业形象设计 QIYE XINGXIANG SHEJI

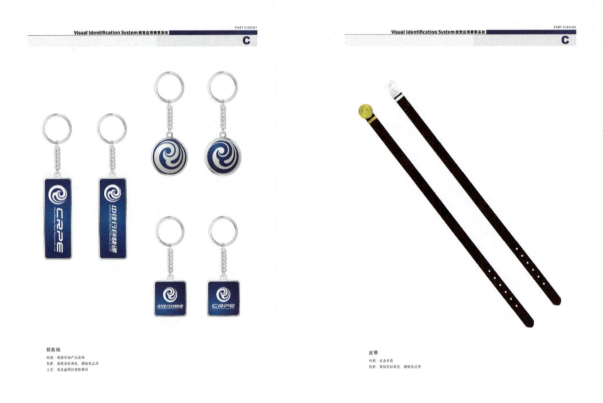

图 4-29 钥匙链

图 4-30 皮带

图 4-31 工作笔

三、员工服装设计

员工服装设计应依据形象和功能两方面进行。形象方面需要反映职业种类和特点，使企业更具识别性和优越性；富有时代气息并与工作环境相吻合，与企业形象协调一致；能跨越穿着者的年龄层面。功能方面应穿着舒适、清洗方便、面料经济实惠。员工制服包括男女领导制服、男女员工制服等办公用、会客用、作业用等服装，包含帽子、领带、丝巾、安全帽、臂章、胸牌、徽章等附属品。

中铁行包快递有限责任公司员工各类服装如图4-32至图4-45所示。

图4-32　装卸工制服（一）

图4-33　装卸工制服（二）

图 4-34 装卸工制服（三）

图 4-35 装卸工制服（四）

图 4-36 装卸工制服（五）

图 4-37 装卸工制服（六）

第四单元　VIS应用系统设计及案例

图 4-38　T恤衫(一)

图 4-39　T恤衫(二)

图 4-40　男士行政人员制服(一)

图 4-41　男士行政人员制服(二)

图 4-42　男士行政人员制服（三）

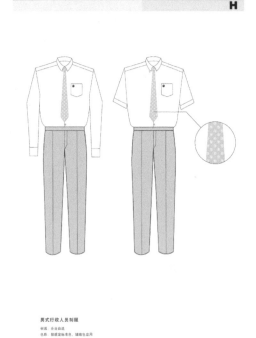

图 4-43　男士行政人员制服（四）

图 4-44　女士行政人员制服（一）

图 4-45　女士行政人员制服（二）

四、企业车体外观设计

交通工具是企业的流动广告,车体外观设计的特点在于它的"运动"。企业交通工具包括小轿车、面包车、大客车等运营车辆、运输车辆、作业用车辆,也包括船舶、飞机。其设计的首要重点在于统一性,同时由于运输工具形状各异,尺寸不同,要保持视觉灵活性。

中铁行包快递有限责任公司车体外观设计示例如图 4-46 至图 4-48 所示。

图 4-46　机动车辆标识应用(一)　　　　图 4-47　机动车辆标识应用(二)

图 4-48　机动车辆标识应用(三)

五、标志符号指示系统

FIVE

标志符号指示系统标志企业的存在，对办公场所和公司位置以及设施指示起标志作用。它包括室内外指示牌、标识牌、导向牌、形象墙、公共标志等。标志符号指示系统设计不是简单的某个部门的单项工作，它的开发应注意环境景观。设计上要充分考虑建筑物或周遭环境，必须明晰、醒目。指示系统设计时应首先注意设计系统的一致性；其次应注意设计中各要素的清晰性与易读性，整体指示系统要醒目；再次，采用文字、数字和箭头灯独特性的设计，表现企业的个性；另外，标志符号指示系统的外形、部件、材料及施工方法等也需具有独特个性；同时注意这些要素的标准化、规范化和统一性。

中铁行包快递有限责任公司标志符号指示系统如图4-49至图4-60所示。

图4-49　部门标识牌　　　　　　　　　　　图4-50　楼层指引牌

图 4-51　楼层目录牌

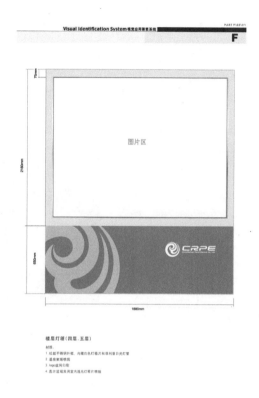

图 4-52　楼层形象牌

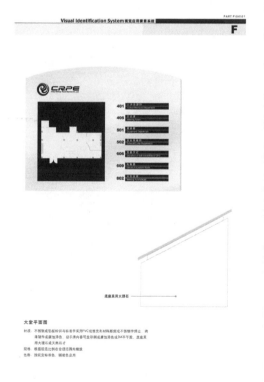

图 4-53　大堂平面图

图 4-54　楼层信息牌

图 4-55　告示牌公告栏

图 4-56　玻璃门窗警示图形

图 4-57　企业背景接待台

图 4-58　会议室形象墙

图 4-59　咨询台　　　　　　　　　　　图 4-60　卫生间

六、销售店面标识系统

　　企业的工厂大楼建筑外观设计的独特性和连贯性同样重要,特别是处在商业第一线的店面形象。由于行业的不同,店面的建筑外观和专卖店铺形象的统一性是由来自各种不同专业领域的设计师完成的,包括建筑工程师、室内设计师和环境设计师等。在实际开发中首先要考虑必要的空间平衡与使用功能,其次是专卖店的独特性,从而实现系统化、标准化的外观设计,表现出统一的企业形象。

　　中铁行包快递有限责任公司销售店面标识系统如图 4-61 至图 4-68 所示。

企业形象设计 QIYE XINGXIANG SHEJI

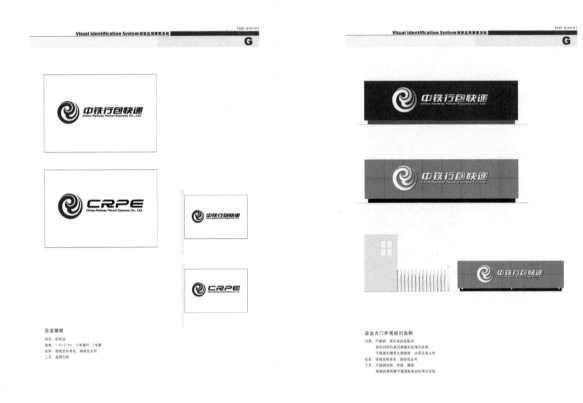

图 4-61　企业旗帜

图 4-62　大门外观

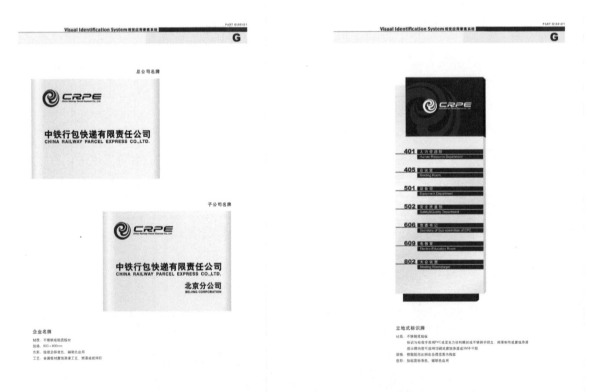

图 4-63　企业名牌

图 4-64　立地式标识牌

QIYE XINGXIANG SHEJI　　　第四单元　VIS应用系统设计及案例

图 4-65　道路指示牌

图 4-66　营业厅门头

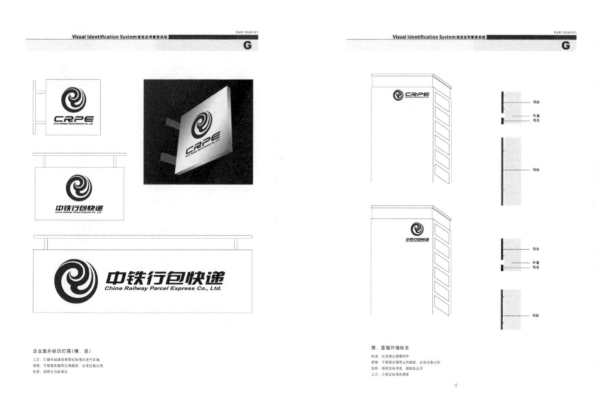

图 4-67　企业室外标识灯箱

图 4-68　横竖幅外墙标识

七、企业广告宣传设计

企业广告宣传作为沟通活动所起的作用巨大，尤其是前期投入的预备报道广告，要耗费较大力量才能将开发的理念和轰动效应传达给社会。媒体项目开发包括报纸广告、杂志广告、企业产品海报、公司宣传册、新闻公报、年报、网页、电视广告等内容。作为VI中较为重要的设计项目，需要将企业的新理念和设计向社会广泛传播。另外，需要开发广告用的设计格式，以求媒体设计有统一感和系列性。

中铁行包快递有限责任公司广告宣传设计如图4-69至图4-74所示。

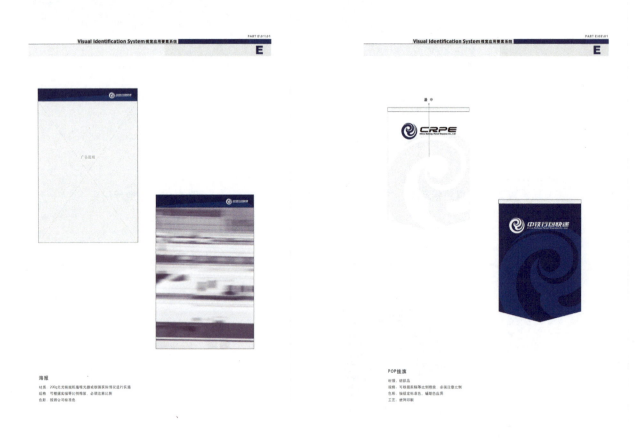

图4-69　海报　　　　　　　　　　图4-70　POP挂旗

图 4-71　挂旗

图 4-72　邮递广告 DM 单

图 4-73　挂历

图 4-74　台历周历

第五单元
VIS 设计案例欣赏

QIYE
XINGXIANG
SHEJI

案例：大港油田总医院 VIS 系统设计

项目背景

大港油田总医院建于 1964 年，现已成为一所集医疗、预防、教学、科研、急救为一体的综合性二级甲等医院，是国家爱婴医院，天津医科大学教学医院。大港油田总医院历时半年，完成了全新形象设计。在极具行业特征的医疗机构领域，使用健康亲和的视觉系统统一辅助实施并深化现代医院的经营理念。

项目分析

医院是一个特殊环境，如何让人们在医院的长期或者短暂的停留中消除恐惧和紧张，感到亲切放松，除了医生和护士真诚善意的微笑，便是医院所呈现出来的整体色调和形象。这是无形中最影响患者情绪和神经的因素。医疗机构的发展趋于国际化、科技化、智能化的管理和人性化、专业化、高效化的服务。将视觉系统引入医院并全面应用，是大港油田总医院"以人为本"理念的体现，建立在特殊行业环境的认知上，以体现科技专业和平易亲和为重点，既拉近与患者的距离，又显现医疗实力。

解决方案

（1）标志是大港油田总医院的精神象征，外形由"D\G"组合，"D\G"为大港的拼音首字母。利用了文字共同的外形特征，进行巧妙设计，体现出现代化综合性医院的整体医疗水平、完善而科学的工作流程、严谨认真的职业态度。

（2）整体标志方正端庄，线条流畅有力，中心为"红十字"图案，强化行业特征，以换位思考的方式，面向新的市场需求，为患者提供四"心"级人性化服务。

（3）图形简洁易记，现代感强，传播识别性强。蓝色是生命与科学的象征，与浅蓝色形成柔和的对比，简洁大方。

大港油田总医院 VIS 系统如图 5-1 至图 5-8 所示。

图 5-1 标志释义　　　　　　　　　　　　图 5-2 名片设计

图 5-3 就医卡设计

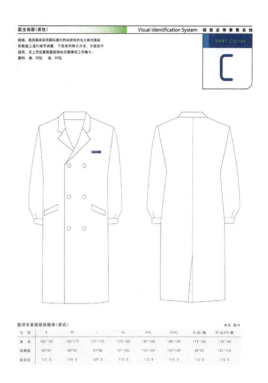

图 5-4 医生制服

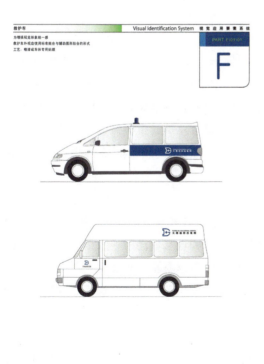

图 5-5 车体外观

图 5-6 手提袋设计

图 5-7　门诊大厅示意图

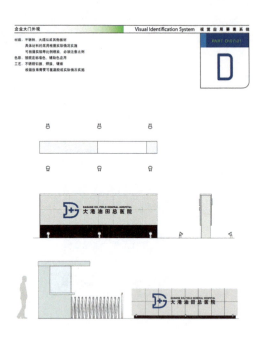

图 5-8　企业大门外观

案例：中联重科 VIS 系统设计

项目背景

长沙中联重工科技发展股份有限公司（简称中联重科），创建于 1992 年，是一家科技型上市公司，是中国工程机械装备制造龙头企业，全国首批 103 家创新型试点企业之一。中联重科主要从事建筑工程、能源工程、交通工程等国家重点基础设施建设工程所需的重大高新技术装备的研发制造。在全球经济一体化的趋势下，中联重科以产品系列分类，组成混凝土机械、移动式起重机械、城市环卫机械、建筑起重机械等多个专业化事业部，拥有消防设备、电梯产品、卫星导航电子产品等多个专业分、子公司，正在构建一个国际工程机械的精品集合，打造一个国际化的工程机械产业集群。

项目分析

科技型上市公司，工程机械产业，从行业特征上具有十分强健、沉重和磅礴的感觉，因此在视觉识别设计中，必须契合企业内在的以及行业固有的气质和气魄，在赋予全新的概念和理念的同时，深刻把握原有的精神并将其贯通应用。中联重科代表民族工业进入国际市场，标识和视觉识别形象以凝聚为表现重点，突出中国企业团结共济的民族精神和孕育很深的文化底蕴。工程机械产业特殊硬朗的形象和科技生产力的现代感默契地融合，才能将企业的视觉识别系统最有效地实现。

解决方案

（1）标志以拼音字头 "Z" 的演变，与中国传统图形（方形）有机结合，构成中联重科标志的基本形，可视感极强，中间五条光束表达企业的科技感和工业感，进而阐述企业高速、稳健的运营机制和以高新技术改造传统产业，实现向科技化产业转变的发展方向和经营目标，富有动感的线形有序排列应用，韵律感交集成标志的鲜明特色。

（2）集团化、多元化经营的企业，最关键的是取得集团各关系企业的协同，标志造型亦如刚健有力的长绳的凝结，进而突出精诚合作、同舟共济的企业精神。

（3）标识整体构图平稳、厚重、凝练，表达企业竞争商海恢宏的魄力和深厚的文化底蕴。

中联重科 VIS 系统如图 5-9 至图 5-43 所示。

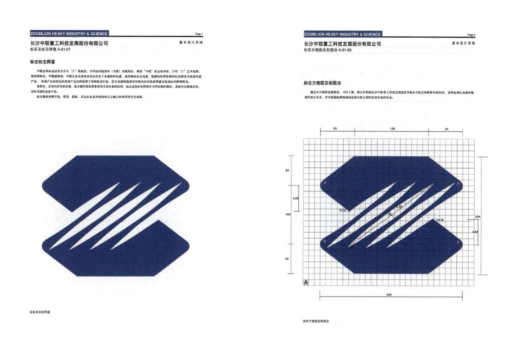

图 5-9　标志与标志释义　　　　　　　　图 5-10　标志方格图及制图法

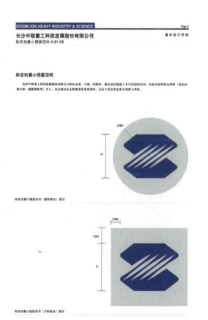

图 5-11　标志的最小预留空间　　　　　　图 5-12　标志黑白稿

企业形象设计　QIYE XINGXIANG SHEJI

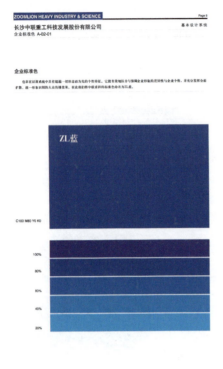

图 5-13　企业标准色

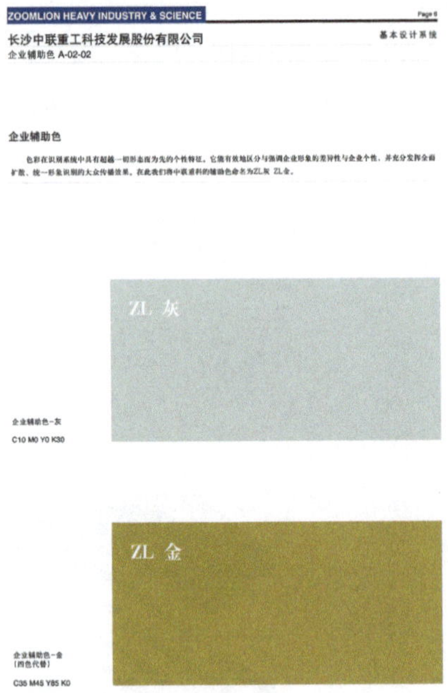

图 5-14　企业辅助色

图 5-15　企业标准字体及方格图（横式）

图 5-16　企业标准字体及方格图（竖式）

图 5-17　企业印刷专用指定中文字体

图 5-18　企业印刷专用指定英文字体

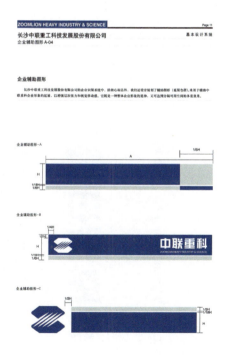

图 5-19　企业辅助图形(一)

图 5-20　企业辅助图形(二)

企业形象设计　QIYE XINGXIANG SHEJI

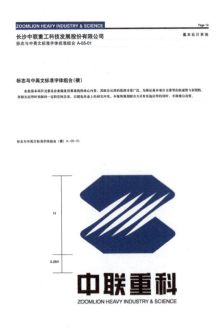

图 5-21　标志与中英文简称标准字体组合（竖式）

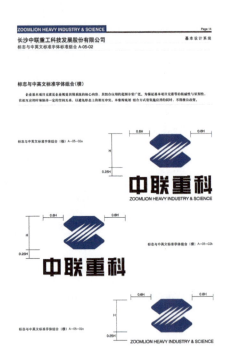

图 5-22　标志与中英文简称标准字体组合（竖式）

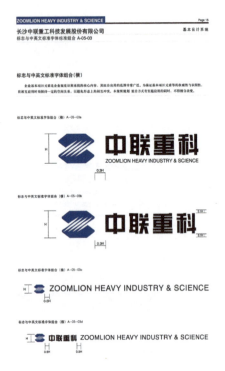

图 5-23　标志与中英文简称标准字体组合（横式）

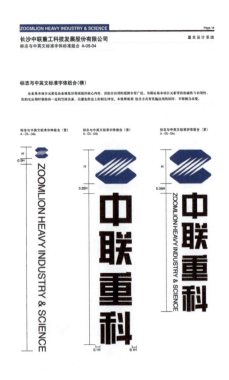

图 5-24　标志与中英文简称标准字体组合（竖式）

QIYE XINGXIANG SHEJI　　第五单元　VIS 设计案例欣赏

图 5-25　标志与中英文全称标准字体组合（竖式）

图 5-26　标志与中英文全称标准字体组合（横式）

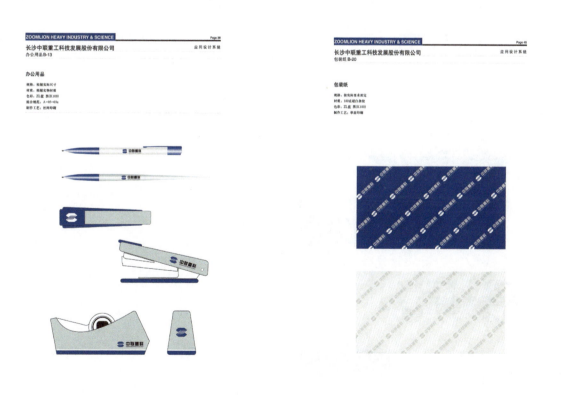

图 5-27　办公用品

图 5-28　包装纸

企业形象设计　QIYE XINGXIANG SHEJI

图 5-29　参观卡贵宾卡

图 5-30　茶杯咖啡杯

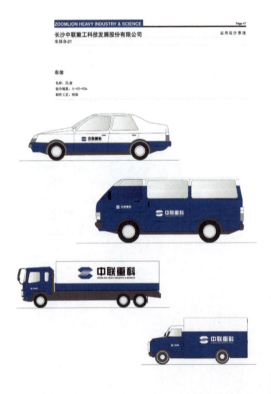

图 5-31　车体

图 5-32　传真纸

图 5-33　合同书

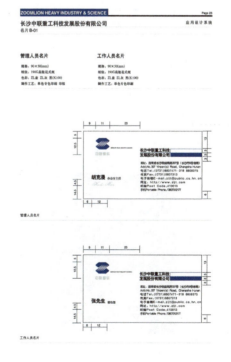

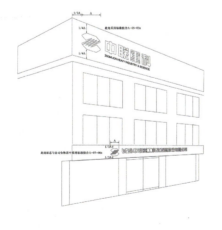

图 5-35　建筑外观(二)

图 5-34　建筑外观(一)

图 5-36　名片

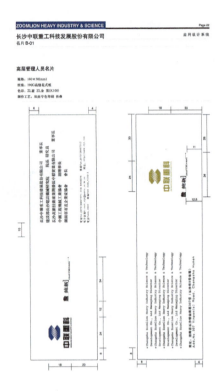

图 5-37　高层管理人员名片　　　　　　　　图 5-38　信纸

图 5-39　文件夹　　　　　　　　图 5-40　饮水机

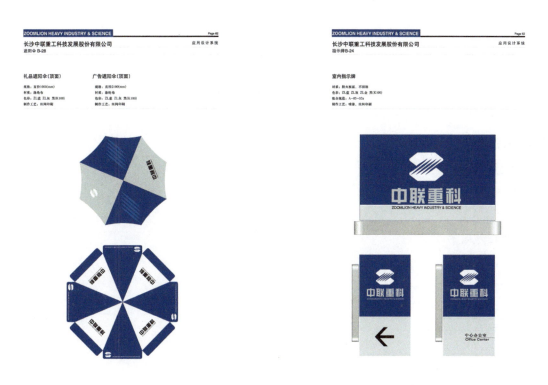

图 5-41　礼品遮阳伞

图 5-42　室内指示牌

图 5-43　室外指示牌

附　　录

附录 A　企业形象设计项目表

Ⅵ 基础项目设计

1. 企业标志设计
- □ 企业标志及标志创意说明
- □ 标志墨稿
- □ 标志反白效果图
- □ 标志标准化制图
- □ 标志方格坐标制图
- □ 标志预留空间与最小比例限定
- □ 标志特定色彩效果展示

2. 企业标准字体
- □ 企业全称中文字体
- □ 企业简称中文字体
- □ 企业全称中文字体方格坐标制图
- □ 企业简称中文字体方格坐标制图
- □ 企业全称英文字体
- □ 企业简称英文字体
- □ 企业全称英文字体方格坐标制图
- □ 企业简称英文字体方格坐标制图

3. 企业标准色（色彩计划）
- □ 企业标准色（印刷色）
- □ 辅助色系列
- □ 下属产业色彩识别
- □ 背景色使用规定
- □ 色彩搭配组合专用表
- □ 背景色色度、色相

4. 企业象征图形
- □ 象征图形彩色稿（单元图形）
- □ 象征图形延展效果稿
- □ 象征图形使用规范
- □ 象征图形组合规范

5. 企业专用印刷字体
☐ 企业专用印刷字体

6. 基本要素组合规范
☐ 标志与标准字组合多种模式
☐ 标志与象征图形组合多种模式
☐ 标志与标准字、象征图形、组合多种模式
☐ 基本要素禁止组合多种模式

Ⅵ 应用项目设计
1. 办公事务用品设计
☐ 高级主管名片
☐ 中级主管名片
☐ 员工名片
☐ 信封
☐ 国内信封
☐ 国际信封
☐ 大信封
☐ 信纸
☐ 国内信纸
☐ 国际信纸
☐ 特种信纸
☐ 便笺
☐ 传真纸
☐ 票据夹
☐ 合同夹
☐ 合同书规范格式
☐ 档案盒
☐ 薪资袋
☐ 识别卡（工作证）
☐ 临时工作证
☐ 出入证
☐ 工作记事簿
☐ 文件夹
☐ 文件袋
☐ 档案袋
☐ 卷宗纸
☐ 公函信纸
☐ 备忘录

- □ 简报
- □ 签呈
- □ 文件题头
- □ 直式、横式表格规范
- □ 电话记录
- □ 办公文具
- □ 聘书
- □ 岗位聘用书
- □ 奖状
- □ 公告
- □ 维修网点名址封面及内页版式
- □ 产品说明书封面及内页版式
- □ 考勤卡
- □ 请假单
- □ 名片盒
- □ 名片台
- □ 办公桌标识牌
- □ 及时贴标签
- □ 意见箱
- □ 稿件箱
- □ 企业徽章
- □ 纸杯
- □ 茶杯、杯垫
- □ 办公用笔、笔架
- □ 笔记本
- □ 记事本
- □ 公文包
- □ 通讯录
- □ 财产编号牌
- □ 培训证书
- □ 国旗、企业旗、吉祥物旗座造型
- □ 挂旗
- □ 屋顶吊旗
- □ 竖旗
- □ 桌旗

2. **公共关系赠品设计**
- □ 贺卡
- □ 专用请柬
- □ 邀请函及信封

- ☐ 手提袋
- ☐ 包装纸
- ☐ 钥匙牌
- ☐ 鼠标垫
- ☐ 挂历版式规范
- ☐ 台历版式规范
- ☐ 日历卡版式规范
- ☐ 明信片版式规范
- ☐ 小型礼品盒
- ☐ 礼赠用品
- ☐ 标识伞

3. 员工服装、服饰规范
- ☐ 管理人员男装（西服礼装\白领\领带\领带夹）
- ☐ 管理人员女装（裙装\西式礼装\领花\胸饰）
- ☐ 春秋装衬衣（短袖）
- ☐ 春秋装衬衣（长袖）
- ☐ 员工男装（西装\蓝领衬衣\马甲）
- ☐ 员工女装（裙装\西装\领花\胸饰）
- ☐ 冬季防寒工作服
- ☐ 运动服外套
- ☐ 运动服、运动帽、T恤（文化衫）
- ☐ 外勤人员服装
- ☐ 安全盔
- ☐ 工作帽

4. 企业车体外观设计
- ☐ 公务车
- ☐ 面包车
- ☐ 班车
- ☐ 大型运输货车
- ☐ 小型运输货车
- ☐ 集装箱运输车
- ☐ 特殊车型

5. 标志符号指示系统
- ☐ 企业大门外观
- ☐ 企业厂房外观
- ☐ 办公大楼体示意效果图
- ☐ 大楼户外招牌

☐ 公司名称标识牌
☐ 公司名称大理石坡面处理
☐ 活动式招牌
☐ 公司机构平面图
☐ 大门入口指示
☐ 玻璃门
☐ 楼层标识牌
☐ 方向指引标识牌
☐ 公共设施标识
☐ 布告栏
☐ 生产区楼房标志设置规范
☐ 立地式道路导向牌
☐ 立地式道路指示牌
☐ 立地式标识牌
☐ 欢迎标语牌
☐ 户外立地式灯箱
☐ 停车场区域指示牌
☐ 立地式道路导向牌
☐ 车间标识牌与地面导向线
☐ 生产车间门牌规范
☐ 分公司及工厂竖式门牌
☐ 门牌
☐ 生产区平面指示图
☐ 生产区指示牌
☐ 接待台及背景板
☐ 室内企业精神口号标牌
☐ 玻璃门窗醒示性装饰带
☐ 车间室内标识牌
☐ 警示标识牌
☐ 公共区域指示性能符号
☐ 公司内部参观指示
☐ 各部门工作组别指示
☐ 内部作业流程指示
☐ 各营业处出
☐ 通路规划

6. 销售店面标识系统
☐ 小型销售店面
☐ 大型销售店面
☐ 店面横、竖、方招牌

- ☐ 导购流程图版式规范
- ☐ 店内背景板（形象墙）
- ☐ 店内展台
- ☐ 配件柜及货架
- ☐ 店面灯箱
- ☐ 立墙灯箱
- ☐ 资料架
- ☐ 垃圾筒
- ☐ 室内环境

7. 企业商品包装识别系统
- ☐ 商品系列包装
- ☐ 礼品盒包装
- ☐ 大件商品运输包装
- ☐ 外包装箱（木质、纸质）
- ☐ 包装纸
- ☐ 配件包装纸箱
- ☐ 合格证
- ☐ 产品标识卡
- ☐ 存放卡
- ☐ 保修卡
- ☐ 质量通知书版式规范
- ☐ 说明书版式规范
- ☐ 封箱胶
- ☐ 会议事务用品

8. 企业广告宣传规范
- ☐ 电视广告标志定格
- ☐ 报纸广告系列版式规范（整版、半版、通栏）
- ☐ 杂志广告规范
- ☐ 海报版式规范
- ☐ 系列主题海报
- ☐ 大型路牌版式规范
- ☐ 灯箱广告规范
- ☐ 公交车体广告规范
- ☐ 双层车体车身广告规范
- ☐ T恤衫广告
- ☐ 横竖条幅广告规范
- ☐ 大型氢气球广告规范
- ☐ 霓虹灯标志表现效果

- □ 直邮宣传页版式
- □ 广告促销用纸杯
- □ 直邮宣传三折页版式规范
- □ 企业宣传册封面、版式规范
- □ 年度报告书封面版式规范
- □ 宣传折页封面及封底版式规范
- □ 产品单页说明书规范
- □ 对折式宣传卡规范
- □ 网络主页版式规范
- □ 分类网页版式规范
- □ 光盘封面规范
- □ 擎天柱灯箱广告规范
- □ 墙体广告
- □ 楼顶灯箱广告规范
- □ 户外标识夜间效果
- □ 展板陈列规范
- □ 柜台立式ＰＯＰ广告规范
- □ 立地式ＰＯＰ规范
- □ 悬挂式ＰＯＰ规范
- □ 产品技术资料说明版式规范
- □ 产品说明书
- □ 路牌广告版式

9. 展览指示系统
- □ 标准展台、展板形式
- □ 特装展位示意规范
- □ 标准展位规范
- □ 样品展台
- □ 样品展板
- □ 产品说明牌
- □ 资料架
- □ 会议事务用品

10. 再生工具
- □ 色票样本辅助色
- □ 标准组合形式
- □ 象征图案样本
- □ 吉祥物造型
- □ 色票样本标准色

附录 B 专业网站

专业设计公司网站

http://www.just.com.cn

http://www.zhengbang.com.cn

http://www.dongdao.net

http://www.yanjun.net

http://www.logo607.com

http://www.hansn.cn

http://www.tihorn.com

http://www.szlaser.net

http://www.m1998.com

http://cargocollective.com/ideaworks

专业设计门户网站

http://www.asiaci.com

http://www.design521.com

http://www.logotang.com

http://www.cldol.com

参考文献
CANKAO WENXIAN
QIYE XINGXIANG SHEJI

[1] 张丙刚.品牌视觉设计[M].北京：人民邮电出版社，2014.

[2] 张岩，关强.VI设计原理[M].北京：科学出版社，2010.